AF610889

AGONIE DES POUVOIRS,

OU

Situation Sociale et Politique

DE LA FRANCE.

PAR

JÉR. BAÏSSAS.

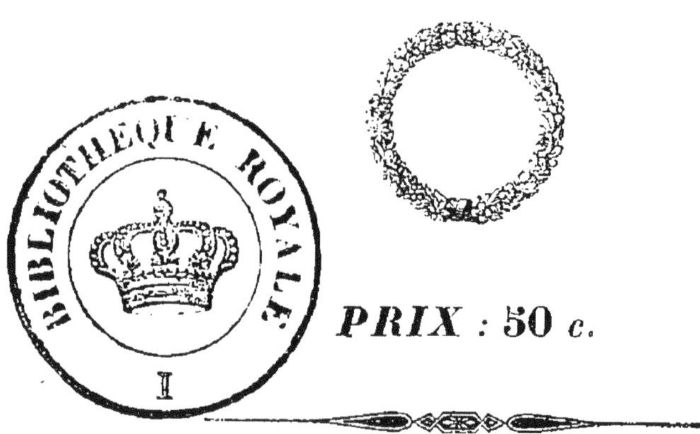

PRIX : 50 *c.*

Paris.

CHEZ CHAUMEROT, LIBRAIRE, Galerie d'Orléans, 4,

Et tous les Marchands de Nouveautés

AU PALAIS-ROYAL.

1839.

Imprimerie de Herhan et Bimont, rue du Caire, 32.

AGONIE DES POUVOIRS,

OU

SITUATION SOCIALE ET POLITIQUE

De la France.

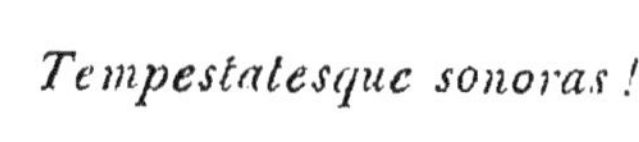

(VIRG.)

Après tant d'essais malheureux et de révolutions sanglantes, la France est-elle donc condamnée à flotter d'incertitude en incertitude? Après avoir été déchirée par l'ambition des partis et les douleurs de la liberté naissante, mettra-t-on toujours en doute son existence politique et le repos de son avenir?... Si jamais on fut disposé à s'adresser de telles questions, c'est bien dans ce moment où des pouvoirs incompatibles se combattent dans une lutte fatale à tous, lutte à mort qui doit emporter plus d'un combattant; c'est bien aujourd'hui qu'un malaise général et mortel a tout plongé dans la torpeur.

Eh quoi! nos institutions seraient-elles posées sur des bases factices? seraient-elles usées et vieillies?

Remontons le cours des années; retraçons-nous avec calme les FAITS DOMINANTS dont la société actuelle reste la conséquence logique et inévitable. . . . .

. . . .

. . . . . La féodalité s'empare du sol, la noblesse dégénère, chancelle et tombe. — L'industrie des cités réalise des valeurs : avec ces valeurs des propriétés territoriales sont acquises. Qui posséda la terre posséda le pouvoir. Les bourgeois, devenus plus riches que la noblesse dépossédée et désarmée, accroissent leurs lumières, leur nombre et leurs forces. Jusque là engourdis dans la nullité politique, ils se réveillent, ils s'attaquent à la monarchie : ils vont régner.

La royauté, depuis Philippe-le-Bel, était un point central où venaient aboutir la noblesse, le clergé, la bourgeoisie. Les deux premiers ordres détruits, il ne restait plus en présence que deux adversaires, le Roi et le Peuple. Mais le Roi, dans toutes ses transformations, de gré ou de force avait combiné ses élémens de puissance avec la noblesse et le clergé. Il n'y avait que ces deux ordres pour soutenir et réchauffer son existence caduque, pour faire valoir sa faible volonté royale : l'un fournissait l'épée, l'autre l'influence morale et la *grace de Dieu*. Aussi, le Roi isolé ne pouvait être bientôt qu'un fantôme; il brilla néanmoins un instant au soleil de Louis XIV, mais il mourait peu à peu devant le peuple qui s'émancipait, et il fallut tomber

Force fut d'inventer une royauté nouvelle, ou pour mieux dire, un nouveau pouvoir public. La Constituante, en 89, eut mission d'aller à cette recherche ; et si dans son fameux pacte politique et social elle accepta Louis XVI, ce fut uniquement parce qu'il se trouvait là et qu'il fallait l'employer. Mais une soudure entre le passé et l'avenir qui s'élançait était impraticable. La Constituante voulut-elle rendre nul le descendant de Capet? Voulut-elle en faire une victime ?.... Si telle ne fut pas son intention, du moins elle obtint ce résultat. Pouvait-elle en obtenir d'autre ? Dieu l'avait écrit, il n'existait déjà plus aucun élément pour rendre solide la place de roi.

Tels sont les événemens dont l'influence gouvernera toujours notre histoire. Voilà le chemin à nous tracé par une main puissante; nous n'en sortirons jamais !

QUESTION SOCIALE.

Apprécions l'influence que les premiers faits dominants que nous avons cités peuvent avoir eu sur notre organisation sociale : Cette étude rapide nous guidera dans la question politique.

Nous ne dirons pas quelles ont été les vicissitudes à travers lesquelles les peuples sont passés pour en venir à reconnaître ce principe si simple que *le travail* peut seul conduire au bien-être. Ce bien-être est soumis à de nombreuses conditions même après qu'on en a découvert l'origine, la source dans le travail. Vous savez que ce qui fait exister l'humanité n'est pas seulement la propagation de l'espèce, mais aussi la conservation des individus. Or, toute société qui refuse des secours demandés le travail à la main, tend d'autant plus à sa dissolution que ses victimes sont nombreuses. Oui, c'est sur la mauvaise organisation de notre société qu'il faut rejeter la cause de ses malheurs ; car il est prouvé qu'en France le sol et les immenses ressources de l'homme réunis peuvent produire de manière à faire face à tous les besoins *proportionnels*; qu'on remarque bien ce dernier mot sur lequel nous appuyons à dessein.

Et ce ne sont pas là des paroles banales que nous lançons au hasard. Oui, dans nos états modernes, les rapports des individus entr'eux sont très-mal réglés : tous sont loin d'y trouver leur avantage proportionnel. Nous l'affirmons et nous le prouvons.

Remarquez bien quel est le point de départ de notre société industrielle en France. Les puissans d'abord, ensuite les individus livrés à diverses industries attirèrent dans leurs mains les métaux précieux du vieux monde et celui que le nouveau déversa sur l'Europe. La ruine de la féodalité amena peu à peu le morcellement du sol ; le sol fut rapidement acheté. L'activité et la supériorité numérique de la bourgeoisie eurent la plus grande part dans cette espèce de contrat entre la terre, le métal monnayé et l'homme ; de telle sorte qu'il se forma dès-lors un corps envahissant et nombreux de propriétaires (1). Les métaux représentatifs vinrent à propos de l'Amérique pour faciliter les transactions plus fréquentes d'une société qui augmentait de jour en jour. Mais qui reçut ces nouvelles valeurs en plus grande quantité? naturellement ceux qui en avaient déjà, car vous savez que l'argent possède une force attractive : il se rend là où il s'en trouvait auparavant. Ainsi pouvait-on être mieux servi pour organiser une forte bourgeoisie ?

Tandis que ce corps de propriétaires se constituait peu à peu et qu'il conquérait son indépendance, il y avait des classes souffreteuses dans les villes, des paysans-machines dans les campagnes, encore soumises en grande partie à la servitude féodale, qui n'avaient pas pu se créer, comme la bourgeoisie, un avenir solide, ni participer aux nouveaux bienfaits qu'apportaient de grands changemens survenus tout-à-coup. Aussi lorsque les campagnes furent successivement émancipées, trouvèrent-elles en se précipitant dans les villes, une société toute faite au service de laquelle il fallut entrer. Qu'arriva-t-il ? ce dont nous voyons les funestes résultats aujourd'hui, résultats que nous ferons sentir rien qu'en parcourant de l'œil les divers rangs de notre société.

A la tête, la bourgeoisie, à la queue, il se trouve une masse d'individus non seulement bannis du sol mais des moyens de l'acquérir; au-dessus de ceux-ci on rencontre d'autres hommes un peu plus heureux et plus rapprochés des possesseurs de petites parcelles de propriété. Ces possesseurs de parcelles qui ne sont pas électeurs, aujourd'hui, forment avec ces rangs sociaux les plus voisins d'eux la presque totalité de la nation; car c'est là comme on sait, que la population s'est le plus accrue dans ces derniers temps(2). Quant à ces mêmes rangs que nous plaçons immédiatement au-dessous du petit possesseur, ils sont dans la société ceux qui éprouvent le plus de fluctuation, d'alternatives, d'incertitudes dans leurs moyens d'existence. Parmi leurs individus, il en est qui touchent, après bien des efforts, à l'état du petit propriétaire, et d'autres qui, ne pouvant

(1) Nous avertissons le lecteur que nous entendons par sol et le sol lui-même avec ses productions et toute propriété bâtie sur le sol.

(2) Ils forment à eux seuls 24 millions d'individus ! Voir les statistiques officielles.

même pas se maintenir dans le terme moyen qui constitue cette démarcation sociale, tombent jusqu'à l'état affreux du prolétaire. Et certes la condition du prolétaire n'a rien d'encourageant pour eux. Car songez que le prolétaire, pour arriver aux produits substenteurs de son existence, a besoin d'échanger son travail avec l'intermédiaire indispensable, la monnaie ; et il sait bien que cette opération dépend strictement du propriétaire qui a droit de vie et de mort sur le travailleur.

Maintenant prenons en bloc les innombrables individus compris depuis le petit possesseur jusqu'au dernier homme de la société, comparons les aux grands propriétaires et aux capitalistes, et supposons la grande machine industrielle en jeu. — Chez une nation adonnée à l'industrie, les propriétés de toute espèce se déplacent, se dépaysent, se divisent, se métamorphosent à l'infini et circulent dans toutes les mains par le moyen des valeurs monnayées qui les représentent, à tel point que l'argent y est tout, y fait tout. Ces valeurs laissent peu de trace sur certaines mains, elles s'accumulent dans d'autres; enfin toujours est-il qu'elles se raréfient avec un progrès déplorable dans les bas échelons de la société, tandis qu'elles refluent vers les sommités leur source séculaire. Cela résulte du point de départ de notre société nouvelle, *l'argent se rend où il y en avait auparavant,* et ce phénomène sera parfaitement éclairci quand vous vous serez rappelé que ces classes souffrantes sont celles à qui l'industrie, protectrice et patrone des bourgeois, ne put faire sentir ces bienfaits, soit qu'elles fussent frappées du servage, soit qu'elles dûssent, dans les villes, leur disgrâce à toute autre cause.

Cependant, malgré tous ces vices, notre ferme conviction est que la société française possède éminemment des tendances, des germes qui, avec l'aide des institutions politiques pourront par des développemens successifs la doter d'une grande somme de bien-être. (1)

(1) Tout le bien que le travail et l'industrie ont fait jusqu'ici a été de créer cette classe compacte de petits possesseurs, en morcelant et partageant les biens-fonds, surtout depuis la confiscation des biens du clergé et des émigrés. Aussi cette classe qui n'était pas en 89, aussi nombreuse, aussi collectivement riche qu'aujourd'hui, de quel poids sera-t-elle bientôt dans la politique actuelle !

QUESTION POLITIQUE.

La question politique doit être une conséquence de la question sociale. Administrer, gouverner une nation, c'est seconder, c'est protéger ses mouvemens, et non se partager ses dépouilles et la clouer dans un *statu quo*. Cela dit, notre constitution politique favorise-t-elle ses tendances vers l'amélioration sociale, les comprime-t-elle? ou enfin avons-nous une constitution? Nous ne répondons pas.

Avant d'aller plus loin, que le lecteur nous accorde que la France est la nation qui s'est le plus lancée dans les voies de l'avenir (1); que tous les peuples la consultent; qu'ils ont toujours l'œil attentif sur elle; qu'elle est la reine du continent; que ses gouvernemens, pour la plupart, sont arriérés, mais que la nation les désavoue, et la France sera bientôt justifiée de tant d'accusations d'inconstance politique; et l'on verra que ce n'est qu'à la fatalité qu'on doit s'en prendre si la Révolution, ce grand fait de l'histoire moderne, a été égarée.

Prenons notre histoire à l'immortelle époque de 89, et voyons comment la bourgeoisie appelée à gouverner, se conduisit et pour elle-même et pour les classes inférieures; voyons surtout par quel enchaînement de causes les principes de la Révolution furent détournés de leur but.

Nous avons dit précédemment pourquoi la royauté était aux abois à la fin du 18e siècle; continuons notre analyse. En 1789, réforme à la voix impérieuse; en 1791, proclamation et extension des droits politiques : la société est appelée à son gouvernement et par conséquent chute de Louis XVI. — Un aussi considérable bouleversement devait amener en foule des systèmes, des théories, des vues extravagantes, des luttes acharnées entre les représentans du passé et ceux de l'avenir; il devait exalter les imaginations, réveiller l'ambition

(1) Dans un prochain travail sur *l'Idéologie en France*, nous montrerons à quel degré le peuple français est riche en idées organisatrices.

brûlante des principaux acteurs placés sur un site politique si inspirateur, si saisissant!... A ces élémens d'agitation et de fièvre, ajoutez les menaces des armées coalisées, et vous avez les matériaux qui constituent l'histoire de la Révolution. (Sans le manifeste de Brunswick, la Révolution peut-être s'accomplissait à jamais.) Toutes ces chutes d'hommes révolutionnaires, ce sang versé, ces débordemens de partis se dépassant les unes les autres, cette Convention qui proclame sa permanence, ces comités redoutables de *salut* qui retiennent le pouvoir.... tout cela n'est que le produit de l'ambition particulière, combiné avec le besoin de résister aux rois ennemis. (Nous ne parlons pas des troubles intérieurs.)

C'est un fait qui n'est pas assez reconnu que depuis la fin de 92, pendant tout le cours de la Révolution, la France *n'a eu d'autre pensée que celle de se sauver*. Les frontières sont-elles menacées, la France émue se lève toute entière : elle ne songe plus à sa constitution ; elle n'a de voix que pour maudire Pitt, de bras que pour diriger le fer républicain.

Cependant au milieu des lauriers de la victoire, on laissait les ambitieux se disputant le pouvoir : on avait trop de confiance en eux... Mais des défaites devaient inquiéter le pays sur son avenir, aussi les défaites discréditèrent le directoire; il tombe, et naturellement de la main d'un soldat. La révolution allait devenir encore plus militaire. La république remet son épée de vengeance à Bonaparte. Celui-ci, dans l'ivresse de la nation, se fait consul à vie, empereur ; on lui pardonne sa couronne à Austerlitz, et puis il se fait despote. Dès-lors l'opinion se sépare de lui. Les coalitions toujours infatigables, toujours renaissantes, finissent par accabler l'aigle, et la Révolution est militairement vaincue, mais après bien des victoires éclatantes !

Les principes ne furent pourtant pas vaincus en 1814 et 1815. Aucune force n'y peut faire.

Les rois étrangers imposent un gouvernement à la France terrassée, se sentant heureuse, dans la circonstance, d'en avoir un de tolérable. Louis XVIII, dans la charte qu'il *octroya*, adopta une partie des principes de 89 ; il savait bien l'impossibilité d'aller contre le torrent. La Restauration accumule les fautes; elle accordait peu, et encore elle disputait ce peu ; des mouvemens en sens contraires ébranlent le trône de la vieille race : il croule sur la personne de Charles X. Juillet 1830, comme un volcan qui se réveille, brisant la croûte de son cratère, annonce au monde que nos principes vivent encore dans les entrailles de la société. Mais la France est cruellement trompée, et l'écho sublime de la Révolution se perd dans cette capitale qui engloutit et rois et libertés.

Voilà l'exacte filiation des faits, et si l'on y regarde de près, on verra au travers des changemens, au milieu des agitations, que la Représentation nationale la plus étendue est le fond sur lequel repose la Révolution. Elle n'a pas encore terminé cette grande querelle de même peuple à même peuple. LA RÉVOLUTION EST A PEINE COMMENCÉE.... Malheur à qui l'arrêtera dans son cours, il sera brisé ! *La coalition ne m'a pas détruit*, s'écrie Napoléon en tombant, *ce sont les idées libérales !* Et il y a la moitié de vrai dans ce dernier aveu d'un puissant humilié.

Que serait-ce si aujourd'hui un chef d'état avait à combattre et les partisans des idées libérales, dont les opinions sont déjà vieillies et insuffisantes, et ces masses vigoureuses à qui on n'a pas encore donné de condition politique ?

Ces masses qui, sans l'industrie dont elles sont le soutien et les sources vitales, en seraient venus au point de s'entremanger les entrailles dans leur prison d'Ugolin !

Ces masses qui, par leur position ressentent les premières atteintes du malaise social, et qui le repoussent à coups de révolutions !

Ces masses, qui renversèrent l'ancien régime et l'ensevelirent sous les ruines de la Bastille, et qui n'en profitèrent point !

Ces masses, qui couvrirent la France de gloire sur les champs de bataille, et qui n'en profitèrent point !

Ces masses, qui renversèrent encore le trône vermoulue de la vieille dynastie, et qui n'en profitèrent point !

Ces masses, auxquelles on élève une colonne de bronze sur la place de la Bastille, et auxquelles on défend le souvenir des trois journées!

A Dieu ne plaise que nous excitions à la révolte! Qu'on le remarque bien, ce n'est pas la presse qui soulève les peuples, c'est l'opiniâtreté des mauvais gouvernemens. Nous désirons de toute notre âme des moyens pacifiques, et nous les indiquons : *Réformez, réformez!*

Nous disons réformez, mais nous nous gardons bien de tracer un programme, *nous ne faisons qu'exposer*.

La sociétéassemblée peut seule décider ce qui lui convient le mieux.

Nous ne débattrons pas ici, par exemple, la question de savoir si la pairie doit être élective ou héréditaire, ou si le Luxembourg est ou n'est pas une vraie serre-chaude, où vit à grand'peine une végétation d'un climat étranger. Avant tout, il est nécessaire de convoquer le plus grand nombre possible de citoyens dans un concile solennel : sans quoi, il y aura toujours des classes populeuses qui réclameront; les prétendues constitutions seront toujours à refaire, et l'on vivra dans l'éternelle crainte que ces classes résolues ne jettent dans la balance le poids redoutable de leur épée.

Réformez sans crainte, car le terme des hésitations politiques de la France doit enfin arriver. Maintenant, elle a ce qui lui manquait en 93, une grande expérience; elle a fait l'essai de ses principes; il lui reste à les étendre. Le pays comprend qu'en matière politique nous dévions depuis longtemps avec la témérité la plus illogique. On a des doutes sur ce grand moyen qui domine dans la politique de la plupart de nos gouvernemens, d'intéresser à leur existence ceux qui ont beaucoup, sans s'informer si la machine froisse ceux qui ont peu ou presque pas. Il est naturel que les grands propriétaires veuillent mettre leurs possessions à l'abri des révolutions; mais les petits sont aussi de leur avis; et pour posséder moins, leur fortune n'est pas moins considérable, et égard à leur position sociale; car tout est relatif.

Sous la dénomination de classe moyenne, on jète toujours dans la discussion cette sorte d'élément politique. Autrefois le mot était bon; mais aujourd'hui la géographie sociale ayant changée, changez donc aussi votre nomenclature. L'opinion qui admet exclusivement les classes moyennes au gouvernement de la société, classes qu'il est très-difficile de déterminer, attendu que les classes moyennes de l'empire n'étaient pas celles de la restauration, et celles-ci n'étaient pas les nôtres, cette opinion, disons-nous, n'a pas manqué d'adhérens illustres. M. Guizot, entr'autres, homme d'un haut caractère, a fait des *classes moyennes* sa passion favorite.

Il faut l'avouer, les classes moyennes ont joué un grand rôle dans l'histoire, surtout dans celle qui se développe sur la transition de l'ancien au nouveau régime, mais les rôles changent, ou, pour mieux dire, ils se partagent. Oui, de nouveaux rôles sont à créer, c'est la mûre et ferme conviction du pays qui réclame, sur tous les points du territoire, la réforme électorale. Toute opposition sera infructueuse, la France a parlé, et, cette fois encore, c'est ce noble instinct des grandes et loyales institutions qui l'a inspirée. Le retard devient funeste; le mal empire tous les jours, car ne croyez pas que toute voix du pays soit un caprice, c'est aujourd'hui l'écho d'un profond besoin, d'une souffrance intime.

Les opposans sont en petit nombre, la plupart intéressés; leurs argumens sont futiles : des raisonnemens ne persuadent pas du contraire un homme qui porte le mal dans son sein. Leur principal épouvantail, c'est la répétition des scènes révolutionnaires, si les classes laborieuses gouvernent avec les autres, comme si la Révolution de 89 était à recommencer, comme si les époques se ressemblaient !

N'allez pas croire cependant que l'activité politique immobilisée dans cette prétendue classe moyenne, que ses défenseurs ont peine à saisir au moyen d'un chiffre qui ne dit rien et qui varie de système en système, n'allez pas croire qu'elle suppose une dignité personnelle, quelque *capacité* exclusive, quelque aptitude prononcée de législateur. Le cens ou l'argent, c'est tout.

Aussi, voyez ce qui arrive :

La fortune, par ses mouvemens alternatifs, élevant et abaissant les individus, leur donne ou leur enlève les pouvoirs politiques ; donc, telle volonté qui *pouvait* hier est *gouvernée* aujourd'hui, et réciproquement ; quelles qualités morales indispensables à un législateur, *direct ou indirect*, possédait la première volonté pour jouir de ce privilége ? et pourquoi la seconde, nulle et perdue dans la foule hier encore, est-elle tout-à-coup douée de ces mêmes qualités ? Allons, vous ne pouvez pas le nier, l'or a fait ce changement, l'or est votre idole.

N'est-il pas révoltant que, sur 10,500,000 propriétaires de biens-fonds, à peine 200,000 soit appelés à contribuer à la représentation nationale ?... Mais n'ayons égard ni au nombre ni aux individus, ne considérons que l'*argent*. Les électeurs, aujourd'hui, donnent une somme de contributions directes, égale à 86,842,500 francs ; eh quoi ! la somme des autres propriétaires non-électeurs, montant à plus de cent-quinze millions, ne serait d'aucune valeur ?... De tels intérêts méritent-ils d'être laissés dans l'oubli ?... Quelles contradictions ! !...

Un autre inconvénient, c'est que le morcellement et le partage des propriétés foncières allant toujours croissant, le nombre des électeurs diminue de jour en jour, en face d'un cens immobile, invariable. Bientôt on pourrait voir un très-petit nombre d'hommes, disséminés sur le territoire, gouverner 33 millions de volontés !...

La réforme électorale est là, inévitable... Nous la demandons dans l'intérêt de tous, pour le repos de tous ; nous la demandons, parce que tous ceux qui contribuent ont droit à la confection des lois ; n'est-il pas absurbe que tous les imposés ne votent pas l'impot ? Ignore-t-on que chaque série d'imposés connaît seule les ressources de sa démarcation respective ? Avez-vous compté une à une toutes les souffrances ; avez-vous apprécié tous les labeurs des classes inférieures pour amasser cette effrayante cote-part de 115 millions ? N'avez-vous jamais déploré cette erreur financière, indigne de notre civilisation, de soumettre toutes les bourses de la société au même calcul nominal et abstrait, sans voir que la valeur des espèces augmente à mesure qu'elles descendent vers les classes inférieures, sans voir qu'au moyen d'une abstraction de chiffres, on arrache 20 francs à un médiocre contribuable, qui, proportion gardée, ne sont que 1, 2, 3 fr. pour les rangs des sommités.... N'est-ce pas assez que notre société ait déshérité tant d'individus? La politique veut-elle donc fournir aussi sa part de cruauté, en les repoussant avec acharnement... Oui, l'isolement, voilà le terrein oú l'on veut acculer ces hommes que la loi rejète comme ces enfans difformes des Spartiates; l'isolement, c'est la gorge étroite des Termopyles où ils peuvent être écrasés par les projectiles des hauteurs!...

Songez que cette partie de la société en faveur de laquelle nous plaidons, est le doux oreiller où dorment les classes supérieures ; songez que vous attirez de grands malheurs sur vos têtes si vous ne rattachez pas à l'ordre, à l'harmonie, les intérêts méconnus de ces classes, en élevant leurs premiers rangs à la capacité politique. La Révolution le veut. Invitez chaque démarcation sociale à monter à la tribune pour révéler aux autres sa partie souffrante qu'elle seule peut connaître. Que la famille soit complète, et ses membres marcheront plus dispos vers un riant avenir. Sous la réforme électorale vous verrez éclore en foule toutes les améliorations physiques et morales, et la France en a grand besoin. Il en est temps, ouvrez, sans hésiter, cette porte défendue par des bandes d'airain, laissez passer cette invasion sociale, aussi bien la partie *active* de la société actuelle a besoin d'être ranimée, ravivée. Eh! n'est-ce pas une expression qui est sur toutes les lèvres que notre siècle est pâle, moribond, flétri, corrompu? Ne voyez-vous pas ces intelligences blasées désespérer de la société, la proclamer à bout de conceptions et se réfugier sous les ailes corruptrices du pouvoir? Mais regardez-y à deux fois, cette société méprisable, que l'on repousse du pied, va bientôt disparaître : elle se retrempera par le mélange d'un sang plus sain, plus vigoureux; le souffle des masses remuera ce cadavre; les masses lui diront : lève-toi! Et la société se rajeunira, et la patrie sera une vérité, et la poésie et l'inspiration ne manqueront plus aux intelligences élevées, aux cœurs qui aiment à battre!

Appelez le plus grand nombre de citoyens possible à la représentation nationale; car avec la nature du gouvernement représentatif, qui ne parle pas est oublié, sacrifié. Vous en voyez un triste exemple dans les 115 millions de contributions directes qui vont à la remorque de 86 millions seulement. Journalistes à gages, dépouillez ce moyen de polémique usé de peindre les classes laborieuses en hostilité permanente avec les hauts propriétaires ; n'insultez plus au bon sens du pays, ne mentez pas à l'expérience de tous les jours. Vous faites sourire de pitié 30 millions d'hommes qui, par leurs relations journalières, voient bien qu'en France on ne s'enferre pas les uns les autres pour n'être point au même niveau de richesse ; mais les richesses sont si différentes ; il en est qui coûtent si peu et qui n'en sont pas moins réelles. Parmi les grands et les petits propriétaires, parmi les classes laborieuses, qui ne sait pas que la vénération pour la loi est la seule condition de salut qu'ait la société ? Et qui a jamais osé enfreindre cette loi, si ce ne sont ces hauts exemples d'immoralité et de rapine ?

La réforme, la réforme ! par elle les classes populeuses feront sentir leur influence sur la constitution politique, par elle elles donneront signe de vie. Tout ce que vous établirez sans le concours des masses sera posé à faux et vous ébranlerez inutilement le pays... l'histoire est là qui l'atteste. La réforme électorale ! c'est notre seule issue, c'est le moteur qui lancera notre char enrayé...., sans la réforme, ou vos pieds seront rivés dans l'immobilité, ou l'anarchie brûlante vous dévorera. Choisissez !!....

www.ingramcontent.com/pod-product-compliance
Ingram Content Group UK Ltd.
Pitfield, Milton Keynes, MK11 3LW, UK
UKHW020414250726
13967UKWH00006B/2634